Los hombres que Dios llamó

Los hombres que Dios llamó

-Jesucristo -Abram -Andrés -
Daniel -Jacob -Juan el Bautista

—————————— 1 DE 7 ——————————

MARY ESCAMILLA

Número de Control de la Biblioteca del Congreso de EE. UU.:   2020917838
ISBN: Tapa Dura   978-1-5065-3410-7
           Tapa Blanda   978-1-5065-3409-1
           Libro Electrónico   978-1-5065-3408-4

Información de la imprenta disponible en la última página.

Fecha de revisión: 22/10/2020

Para realizar pedidos de este libro, contacte con:
Palibrio
1663 Liberty Drive
Suite 200
Bloomington, IN 47403
Gratis desde EE. UU. al 877.407.5847
Gratis desde México al 01.800.288.2243
Gratis desde España al 900.866.949
Desde otro país al +1.812.671.9757
Fax: 01.812.355.1576
ventas@palibrio.com
820093

ÍNDICE

JESÚS

Juan 11:25-26

PRÓLOGO

¡Qué extraordinario!, qué privilegio tuvieron y siguen teniendo los hombres llamados por Dios, ya que en verdad es de excelencia servirle a Él y ser usados del mismo modo, con un propósito que Él tiene para la vida de cada uno de los llamados grandes hombres, grandes apóstoles, ministros, pastores, profetas, maestros evangelistas, adoradores, servidores…

Ellos son los verdaderos discípulos de Jesucristo, esos hombres llamados que le sirvieron y le sirven de una manera particular e íntegra porque son sacerdotes escogidos por Dios para predicar su Palabra y la Sana Doctrina del Real Evangelio de Jesucristo, el Hijo de Dios. Es único, una verdadera honra servirle a Él.

Es un privilegio el llamado de Nuestro Señor Jesucristo, fue algo maravilloso ser llamado por Dios para ser el Salvador del Mundo. Ahora tú eres llamado por Él, así como:

El rey David fue llamado a vencer a Goliat.
Abram fue llamado para bendecir a otros discípulos.
Jacob fue llamado a poseer la tierra y tener muchos hijos.
Daniel fue llamado a ser un profeta de Dios.
Enoc fue llamado a ser justo y caminar con Dios.

Isaac fue llamado a ser la promesa de Dios y la alegría de sus padres.

Moisés fue llamado a ser el mensajero de Dios y oír su voz.

José fue llamado a ser el soñador y gobernar a Egipto.

Josué fue llamado a llevar al pueblo de Dios, pasar por el desierto y entrar en la Tierra Prometida.

Pablo, el último de los apóstoles, fue llamado a predicar el Evangelio de Jesucristo ante multitudes para convertirlos.

Pedro fue llamado a ser amigo de Jesús y pescador de hombres.

Job fue llamado a ser varón perfecto, temeroso de Dios, y aceptó la voluntad de Él.

Mateo fue llamado a ser evangelista de Jesús.

Lucas escribió el evangelio que lleva su nombre en el nuevo testamento.

Habacuc fue llamado a ser el profeta de la fe y la esperanza de salvación.

Andrés fue llamado a seguir a Jesús.

Felipe fue llamado directamente por Dios a ser su discípulo.

Santiago fue llamado a ser hermano de Jesús y escribir el libro del Nuevo Testamento.

Juan, el más joven discípulo y muy amado por Jesús, presenció milagros realizados por Él.

Salomón fue llamado a ser rey y a pedir al Altísimo Padre Celestial, sabiduría y ciencia para gobernar a su pueblo.

Sansón fue llamado a cumplir el propósito de Dios, que fue salvar a Israel de los filisteos.

Ezequiel fue llamado a ser profeta y guía moral, que enseñó y guio espiritualmente al pueblo de Israel.

Isaías fue llamado a ser asesor de reyes y basado en la Escritura los ministró. Asimismo, fue un gran y excelente orador.

Zacarías fue llamado a escribir El Antiguo Testamento, asi como el libro del mismo nombre, Zacarías.

Jeremías fue llamado al arrepentimiento del pueblo de Judá, al cual persuadió que se volvieran a Dios.

Joel fue llamado a profetizar respecto a la plaga de langostas que vendrían al pueblo si no se arrepentían.

Jonatán fue llamado a ser valiente y amigo del rey David, y fue vencedor de Gabaa.

Jonás fue llamado por Dios a ir y llamar al arrepentimiento a una ciudad pagana y, aunque huía del Señor, nunca quiso escapar de Él. Sin embargo, al final fue obediente.

Juan "El Bautista" fue llamado a bautizar a Jesús de Nazaret.

¡Qué privilegio!, asimismo tú atiende a tu llamado y escucha la voz de Dios.

EL LLAMADO DE NUESTRO SALVADOR JESUCRISTO

No hay palabras que puedan definir este único y maravilloso llamado, motivado por el gran amor de Dios para la humanidad. Es la misión para rescatar al hombre de una condenación eterna y darle la salvación de su alma, eso significa que nos salvó del peligro mortal que nos amenazaba, pagando el rescate nuestro.

"Porque de tal manera amó Dios al mundo, que ha dado a su Hijo unigénito para que todo aquel que en él cree, no se pierda, mas tenga vida eterna." San Juan 3:16.

¿Cuál fue la misión de este llamado?

Destruir todos los poderes demoniacos, asimismo al imperio de la muerte y librarnos del temor de la misma.

Siendo Dios mismo; se hizo pobre dejando su trono de gloria para venir y compadecerse de todos los pecadores.

Él fue el Sumo Sacerdote que vino a conocer nuestras propias debilidades y a expiar los pecados del hombre.

¿No es esto maravilloso?

Se despojó de su Unigénito Hijo por nosotros, qué muestra de su incomparable e inigualable amor hacia la humanidad.

¿Quieres recibir la salvación de tu alma?

¡Hoy es el día en que lo puedas hacer!

I-SU LLAMADO NOS TRAJO SALVACIÓN ETERNA.

Jesucristo es la imagen del Dios invisible, siendo el gran resplandor de su gran gloria, vino a efectuar la purificación de todos nuestros pecados.

Realizó la redención mediante su propia sangre Él fue: El Salvador del mundo entero.

Dios, ejemplo de su gran generosidad, el Padre dio a su Hijo y su Hijo entregó su vida.

¡No hay otro llamado más grande que éste!

Siendo el Unigénito Hijo de Dios, fue enviado por Él para darnos vida, estando nosotros viviendo en delitos y pecados.

"Por cuanto todos pecaron, y están destituidos de la gloria de Dios, siendo justificados gratuitamente por su gracia, mediante la redención que es en Cristo Jesús, a quien Dios puso como propiciación por medio de la fe en su sangre, para manifestar su justicia, a causa de haber pasado por alto, en su paciencia, los pecados pasados." Romanos 3:23-25.

Él fue tentado en todo, pero no pecó, Él apareció para quitar nuestros pecados y no hubo pecado en Él.

"Porque no tenemos un sumo sacerdote que no pueda compadecerse de nuestras debilidades, sino uno que fue tentado en todo según nuestra semejanza, pero sin pecado."

Hebreos 4:15.

¿Qué debilidades tienes tú?

No importa cuáles sean, Él te comprende, no te sigas alejando, ten confianza en Él y dale todas tus cargas; no vivas más en soledad, si has sentido que nadie te comprende, que todos te rechazan por tu mal carácter, porque no tienes paciencia o por muchas cosas más.

Recuerda: Hay alguien que te ama, te entiende y te puede sacar adelante en esta vida.

Posiblemente has confiado en las personas y te han defraudado y a causa de esto tu corazón se ha endurecido, deja ya ese pasado y empieza hoy una nueva vida, Él vino a perdonarte, a limpiarte y a darte una nueva esperanza de vida.

¡No te desalientes más!

¡No sigas sufriendo más!

¡No sigas desconfiando más!

¡No sigas la corriente de este mundo!

¡No sigas engañándote a ti mismo!

¡No sigas viviendo en derrota!

¡No sigas alimentando el odio!

¡No sigas de necio y dudando de Dios!

¡No sigas atormentado por esos espíritus malos!

¡No sigas rebelándote en contra de la voluntad de Dios!

¡No sigas rechazando el sacrificio de Jesús!

¡No sigas despreciando tu salvación, que es a través de Él!

Hoy es el día de Salvación para ti.

II-ESTE PRECIOSO LLAMADO NOS TRAJO LA PAZ.

"La paz os dejo, mi paz os doy; no os la doy como el mundo la da." Juan 14:27

Eso no se puede comprar con nada en este mundo, cuántas personas hoy en día corren de un lado a otro buscando el remedio para todos sus males y no lo encuentran, sintiéndose desconsolados y defraudados por religiones falsas y hombres mentirosos que les ofrecen una incierta paz.

¿Cómo está tu corazón en este día?

¿Afligido?

¿Desconsolado?

¿Turbado?

¿Con muchos miedos?

¿Con mucho dolor?

¿Con odio?

¿Con resentimiento?

Jesucristo te ofrece gratuitamente esa paz que anhelas profundamente y con gran emergencia.

¿Quieres probarla?, Él te invita hoy a que vengas a las aguas si estás sediento, y que compres sin dinero y sin ningún precio lo que puede saciar tu alma de todo mal.

Vuelve tu mirada hacia Él, acepta su amistad que es incomparable y tendrás la paz tan ansiada.

¿Hay paz en tu hogar?

En muchos hogares hay abundancia de alimentos en la mesa, pero desean la paz porque lo que abunda son las contiendas hasta a la hora de comer; en vez de tener una palabra de agradecimiento a Dios por lo que Él ha provisto, lo que hay son peleas y discusiones, pero es mejor comerse un bocado seco, dice su Palabra, pero en paz.

Otras personas sufren mucho de insomnio y no pueden dormir porque a la hora de irse a reposar de las labores diarias llevan a sus camas las preocupaciones y problemas, pero si aprendemos a vivir confiados en Él, nos acostaremos en paz y reposaremos.

Debemos ser personas llenas de mansedumbre, Jesucristo dijo que aprendiéramos de Él, que era manso y humilde de corazón.

¡Cuánto nos hace falta!

Por eso ahora empecemos a decretar sobre nuestro territorio paz, primero en nuestra mente y corazón, no dejemos entrar pensamientos que nos perturben, no abramos la puerta a sentimientos que nos causarán dolor.

Después empecemos a orar por el territorio de nuestro hogar, hijos y cónyuges, que terminen las guerras y que venga la paz. Eso se logrará cuando dediquemos tiempo para leer su Palabra, la ley de Jehová, ya que es portadora de paz y no hay tropiezos para aquellos que la aman.

Qué maravilloso llamado, Dios a través de sus profetas había anunciado la llegada de su Unigénito Hijo, que venía a darnos salvación y paz al mundo entero.

"Porque un niño nos es nacido, hijo nos es dado, y el principado sobre su hombro; y se llamará su nombre Admirable, Consejero, Dios Fuerte, Padre Eterno, Príncipe de Paz." Isaías 9:6.

Expresa también que la paz que Él trae no tiene límites, así que:

¡Vive confiado todos los días de tu vida!

III-VINO A MOSTRAR EL AMOR DEL PADRE CELESTIAL.

Sabemos que el amor viene de Dios, y cuando no nos amamos a nosotros mismos, por consiguiente no amaremos a nuestro prójimo.

¿Y en qué consiste este amor?

"En esto consiste el amor: no en que nosotros hayamos amado a Dios, sino en que él nos amó a nosotros, y envió a su Hijo en propiciación por nuestros pecados." 1ª. Juan 4:10.

¡Ésta es la expresión más grande de su amor!

Nosotros, siendo enemigos de Dios, fuimos reconciliados con Dios por la muerte de Jesucristo su Hijo, a través de la cual recibimos la salvación de nuestra alma.

Nadie nos puede acusar, si aceptamos el sacrificio de Jesús.

¡NADIE!

Asimismo, nadie nos podrá separar de este gran amor que Jesucristo vino a mostrar aquí a la tierra. Ni la muerte, ni nada de esta vida, por más que se oponga a esta relación divina, no podrá. Si vienen tempestades fuertes, ni tu presente de dolor podrá derribarte, ni nada creado en este mundo, porque su amor es suficiente y lo llena todo.

No fue fácil este llamado que Dios le hizo a su Hijo, Jesucristo.

Fue despreciado.

Fue desechado entre los hombres.

Fue Varón de Dolores.

Fue menospreciado.

No fue estimado por los hombres.

Sufrió por nuestros dolores.

Fue azotado.

Fue abatido.

Fue castigado sin razón.

Angustiado terriblemente.

Afligido al grado máximo.

Su rostro fue desfigurado.

Fue afligido en su alma.

Fue clavado en una cruz, donde dio su vida por ti.

¡No hay otro llamado más grande que éste, ni lo habrá!

¡Glorificado sea El Padre, El Hijo y El Espíritu Santo!

Y todo esto por venir a mostrarnos el maravilloso amor de nuestro Padre Dios, Jesucristo con su propia sangre nos compró para que nosotros obtuviéramos:

La salvación de nuestras almas y la vida eterna.

La sanidad en nuestro cuerpo, alma y espíritu.

La liberación del cautiverio donde el enemigo nos tenía, e innumerables cosas más.

Por eso ahora:

Levántate de los muertos y te alumbrará su luz, ya no sigas viviendo en la oscuridad del pecado.

¿Por qué estas sufriendo si tienes un Salvador que vino al mundo a rescatarte?

De las drogas.

Del alcoholismo.

De las pandillas.

De toda atadura.

De toda miseria.

De todo tropiezo.

De toda maldición.

De todo engaño.

De toda traición.

De la fornicación.

Del adulterio.

De la lascivia pecaminosa.

De toda maldad.

Todos tenemos un llamado de Dios para servir a la humanidad y llevar este mensaje de amor, pero primero debemos aceptarlo en nuestro corazón.

Aprendamos de nuestro Salvador Jesucristo, Él vino a mostrar el amor del Padre Celestial, eso mismo debemos hacer en el ministerio que Él nos ha encomendado, que se vea el símbolo del amor en todo lo que hagamos, dejemos de presentarnos como jueces y condenadores antes de hacerlo, recordemos que nosotros mismos necesitamos ser regenerados por su sacrificio, y debemos amar a nuestro prójimo para mostrar que verdaderamente su amor está en nosotros, porque si no amamos, el amor del Padre no está en nosotros.

A través de su Palabra vemos a muchos hombres que fueron llamados por Dios para ministerios específicos, pero el llamado que Dios hizo a su Hijo Unigénito no tiene ni tendrá comparación con ninguno, aunque Él dijo que mayores cosas haríamos en su nombre cuando Él ascendiera a los cielos.

Hay una pregunta para ti hoy:

¿Has reconocido tú este gran amor o lo has ignorado?

Si no lo has hecho:

Apresúrate hoy y recíbele en lo más profundo de tu corazón, no tienes que hacer ningún sacrificio humano, Él ya lo hizo por ti.

¿Quieres cambiar de dirección en tu vida?

¡Despierta!

El tiempo de tu liberación ha llegado, reconoce el gran amor de Dios en tu vida, y el sacrificio perfecto que su Hijo Jesucristo hizo por ti, haciendo esta oración:

Di:

Padre Celestial, no conocía el amor con que me has amado desde la eternidad, me rindo ante ti reconociendo que soy un pecador(a), perdóname y recíbeme como tu hijo(a), quiero empezar una nueva vida, recibiendo la salvación de mi alma y la liberación de todo espíritu atormentador.

Creo que Jesucristo murió por mí y que al tercer día resucitó de entre los muertos, escribe mi nombre en el Libro de la Vida, quiero disfrutar de la paz que sólo puedo recibir de Él, te lo pido en su nombre poderoso. Amén, amén y amén.

La Vid

Jesús

Es el

Único

Que detiene

Tempestades,

Y salva

Tu Alma

Del

Infierno.

Mary Escamilla
Dra. ♥

La Vid

Las evidencias

De un

Verdadero

Creyente

Son sus

Frutos.

Mary Escamilla
Dra. ♥

La Vid

Jesús fue
Despreciado,
Acusado,
Perseguido,
Muerto pero;
Resucitado al
Tercer Día.
¡Gloria a Dios!

Mary Escamilla
Dra. ♥

La Vid

La obediencia
Trae bendiciones.
La desobediencia
Trae maldiciones
Y escasez.

Mary Escamilla
Dra. 🖤

La Vid

Dichosos

Los que

Traen

Una

Persona,

A la Cruz

De Jesús.

Mary Escamilla
Dra.

Recuerda
Siempre el
Gran Amor
Del Padre
Celestial
Para ti.

La Vid

Que tu

Corazón no

Se angustie,

Ni tu Alma

Se abata.

Confía en Dios.

Mary Escamilla

Dra.

La Vid

El traidor de
Judas estuvo
Tres años con
Jesús y al final
Le entregó.

Mary Escamilla
Dra. ♥

La Vid

El verdadero
Creyente es
Manso y
Humilde.

Mary Escamilla
Dra. ♥

La Vid

Clama a Dios
Que te quite
Todo dolor
Espiritual,
Moral o Físico,
Y Él te responderá.

Mary Escamilla
Dra.

Yo soy redimido
Por el Príncipe
De la Paz.

Mary Escamilla
Dra. ♥

La Vid

No vivas
Con temor a
La oscuridad.
¡Tú eres Luz!

Mary Escamilla
Dra.

La Vid

El que esté

Alejado de

Dios no goza

De Paz.

Mary Escamilla
Dra. ❤

La Vid

Nada te separa
De Dios, porque
Tú confías en Él
Y Él habita en ti.

Mary Escamilla
Dra. ♥

La Vid

Ten fe, esperanza
Y confía que Dios
Todopoderoso
Siempre está
Contigo.

Mary Escamilla
Dra. ♥

ABRAHAM

Génesis 22:1-13

EL LLAMADO DE ABRAM

Jehová habló directamente a la vida de Abram; que se fuera de su tierra, el lugar de comodidad, a una tierra desconocida para él.

"...Vete de tu tierra y de tu parentela, y de la casa de tu padre, a la tierra que te mostraré.

¡Qué promesa tan hermosa hace el Señor!

Y haré de ti una nación grande, y te bendeciré, y engrandeceré tu nombre, y serás bendición.

Bendeciré a los que te bendijeren, y a los que te maldijeren maldeciré; y serán benditas en ti todas las familias de la tierra."

Génesis 12:1-3.

Este hombre fue llamado el Padre de la Fe, y tuvo el más alto privilegio de ser llamado el amigo de Dios.

"Y se cumplió la Escritura que dice: Abraham creyó a Dios, y le fue contado por justicia, y fue llamado amigo de Dios." Santiago 2:23.

¡Qué gran privilegio, el que Dios te llame su amigo!

¿Quieres tú también ser llamado amigo de Dios?

¿Qué debemos hacer?

No solamente creer en Dios, sino obedecer sus Mandamientos y al llamado que él nos hace en el momento que a Él le place, así que debemos estar atentos

La fe de Abram le permitió ver lo invisible y creyó cosas grandes, así pudo recibir cosas que para él eran imposibles.

¡Pero sabes que para Dios todo es posible!

En ese tiempo muchas personas creían que con hacer buenas obras estaban agradando a Dios. Como podemos ver en estos tiempos, hay mucho humanismo pero no amor a Dios. El hombre cree que haciendo obras caritativas al mundo necesitado se ganará el cielo, pero eso es algo erróneo.

Dios nos manda amarlo a Él con todo nuestro corazón, nuestra mente y con toda el alma, primeramente, y luego al prójimo como a nosotros mismos.

Abram viviendo en Ur de los caldeos, tuvo fe para obedecer al llamado de Dios, eso implicaba dejar posesiones, familia, amigos, y caminar a un rumbo desconocido.

¡Con la fuerza puesta en Dios podemos caminar en obediencia!

A cuántas personas Dios las está llamando, pero no quieren pagar el precio de dejarlo todo por Él.

Abram no preguntó ni cuestionó: ¿Por qué a mí?, NO, él simplemente obedeció.

¡Qué gran hombre de Dios, para imitar su fe!

I-TENÍA UN CARÁCTER PACÍFICO.

Evitó pleitos entre los siervos de él y los de su sobrino Lot, y decidió darle a él la oportunidad de escoger la parte de tierra que quisiera, y él se quedaría con lo que quedara después que Lot escogiera, con tal de mantener la paz.

¿Cuál es tu carácter, pacificador o conflictivo?

"Y Abram era riquísimo en ganado en plata y en oro." Génesis 13:2.

Sin embargo no le importó, él obedeció a su llamado dejando todo y fue a hacer la voluntad de Dios.

"Y hubo contienda entre los pastores del ganado de Abram y los pastores del ganado de Lot; y el cananeo y el ferezeo habitaban entonces en la tierra.

Entonces Abram dijo a Lot: No haya altercado entre nosotros dos, entre mis pastores y los tuyos, porque somos hermanos.

¿No está toda la tierra delante de ti? Yo te ruego que te apartes de mí. Si fueres a la mano izquierda, yo iré a la derecha; y si tú a la derecha yo iré a la izquierda." Génesis 13:7-9.

Sería algo maravilloso si en estos tiempos nosotros hiciéramos lo mismo con nuestros hermanos en la iglesia, en nuestro hogar, en nuestro trabajo, que fuéramos pacificadores y no conflictivos.

A Abram no le gustaba discutir, ni mucho menos ser obstinado.

Las discusiones tienen que ver con las emociones, es bueno hacerlo cuando llevan el fin de llegar a un acuerdo, pero de lo contrario no es nada bueno.

A las personas conflictivas les gusta contender y lo que vemos en ellos es que:

1-Pierden energías.

Debemos corregir esta actitud porque nos roba las fuerzas emocionales, mentales y físicas.

A estas personas no las lleva a nada tener una vida en comunión con nadie, y no agrada a Dios esa actitud.

Estar siempre peleando, gritando, pretendiendo tener la razón, aun no teniéndola, desgasta mucho nuestra vida y la de cualquier ser humano.

Hay personas que les gusta discutir por todo.

¿Te identificas?

2-Están siempre a la ofensiva y defensiva.

Peleando con todo el mundo y siempre tienen argumentos para discutir, porque pretenden tener la razón en todo.

Si hablas de cocina… Ellas son las mejores.

Si hablas de deportes, su equipo es el mejor.

Si hablas de trabajo… Siempre tienen la razón.

¡Qué difícil es vivir con este tipo de personas!

3-No pueden trabajar en equipo.

Buscan imperfecciones en las personas y piensan que ellos son los mejores.

Se enojan si sus opiniones no se toman en cuenta.

No son armoniosos, hieren a las personas constantemente.

Si tú eres de esas personas, posiblemente estés insatisfecho(a) en alguna área de tu vida.

Como esposa, ¿constantemente le reprochas a tu esposo su vida pasada?, tal vez él te falló y aún no lo has perdonado y por esa causa le sigues recriminando cada día; eres como una gotera que está destruyendo el hogar.

¡Y cuidado, no seas como la mujer necia!

Le reprochas que no es un buen padre, que no es un buen proveedor, que no es un buen amante.

Como esposo, ¿no puedes trabajar junto a tu esposa en el hogar?, la haces sentir que no vale nada, le reprochas su proceder, que, porque aumentó de peso, que, porque no sabe cocinar.

Debemos trabajar en equipo… ¡Juntos lo lograremos!

¡Es tiempo de cambiar!

Quieres que en tu hogar se respire un ambiente de paz y armonía, sólo con Jesucristo en tu corazón, lo podrás lograr.

Ríndele hoy mismo tu corazón.

Abram se mantuvo firme, seguro y se mostró un pacificador ante su sobrino Lot.

Cuando hablamos de un pacificador, nos referimos a la persona que establece paz con las personas conflictivas y ante los altercados que se le puedan presentar.

De la misma manera:

¿Estableces paz en medio de la guerra?

¿Qué clase de persona eres?

Que fomenta la guerra o que fomenta la paz.

Recuerda que:

Debemos llevar paz donde hay enemistad, no fomentes los chismes porque el chisme aparta hasta los mejores amigos.

Crea un ambiente de comunión y unidad empezando en tu hogar, luego en el trabajo, en la iglesia y en todo lugar donde vayas, sé luz del mundo y sal de la tierra.

Porque Dios desde el cielo observa las actitudes de todos los seres humanos, en esta ocasión Dios vio la actitud de Lot, quien escogió lo mejor que sus ojos vieron, no dejando para Abram la mejor opción. Pero Jehová, ahora viendo la actitud de su sobrino, Dios le sigue dando más promesas a Abram y le dijo que alzara sus ojos y mirara el norte y el sur, el oriente y el occidente; y que toda esa tierra se la daría.

¡Tenemos a un Dios justo!

Por eso cuando alguien cometa injusticias contra ti, no pelees con tus propias fuerzas, Él es tu abogado, Él peleara por ti, Él es justo y ejerce justicia a todos los que le obedecen y son pacificadores.

Abram valorizaba las cosas eternas y no confiaba en las riquezas que él poseía, porque sabía que eran temporales.

La Palabra de Dios nos dice que; ¿de qué le sirve al hombre si ganare todo el mundo y perdiere su alma?

¿Ya entregaste tu alma al Señor?

¿O todavía no?

¡Hoy es el día de salvación para ti!

MARY ESCAMILLA

La esposa de Abram fue influenciada por su esposo y, aunque tuvo errores en el proceso, ella recibió el regalo más grande que una mujer puede obtener siendo de edad avanzada y siendo estéril, recibió el milagro más anhelado: Ser madre.

"Por la fe también la misma Sara, siendo estéril, recibió fuerza para concebir; y dio a luz aun fuera del tiempo de la edad, porque creyó que era fiel quien lo había prometido." Hebreos 11:11.

Dios es un Dios de milagros.

Dios es un Dios de promesas.

Dios es un Dios de imposibles.

Dios es un Dios de pactos.

Dios es un Dios creativo.

Dios es un Dios justo.

¡Quién como Él!

¿Quieres tú tener fe?

¿Ríndete a Él y Él te la dará?

La fe hace lo imposible posible.

Dios cumplió la promesa; que haría de él una gran nación, a través de su hijo Isaac.

Su nombre fue cambiado de Abram a Abraham, que significa padre de muchedumbre.

Abraham tenía la mirada puesta en el cielo, de donde él veía que venía su bendición cada día, no tenía avaricia porque él amaba a Dios y no las cosas de este mundo, él tenía puesta la mirada en el Altísimo.

Pero sabes que:

Tu fe va a ser probada…

No tengas temor.

II-ESTUVO DISPUESTO A ENTREGAR LO QUE MÁS AMABA.

Dios le promete tener un hijo ya cuando no había esperanzas porque él y su esposa Sara eran ya mayores, y después de estar esperando por veinticinco años esa promesa, ahora que disfrutaba de ese hijo Dios se lo pide.

Y Abraham decide obedecerlo y entregárselo en sacrificio a Él, ahí muestra nuevamente la obediencia este hombre de Dios.

¿Estás dispuesto tú a entregarle lo que más amas a Él, si Él te lo pide?

¿Cuál es tu respuesta?

SÍ O NO.

¿Qué difícil verdad? Pero:

Jehová le dijo a Abraham:

"Toma ahora tu hijo, tú único, Isaac, a quien amas, y vete a la tierra de Moriah, y ofrécelo allí en holocausto sobre uno de los montes que yo te diré." Génesis 22:2.

Dios le pidió sacrificar a su querido hijo, su único, Isaac.

Pero Abraham le demostró a Dios que su amor hacia Él era lo primero, y que, aun siendo su propio hijo, se lo iba a ofrecer en sacrificio como Él se lo había pedido, pero también creía que Dios podía hacer un milagro en el último momento, resucitándolo dentro de los muertos.

Pero no hubo necesidad de eso porque Dios intervino antes que él lo sacrificara.

"Y cuando llegaron al lugar que Dios le había dicho, edificó allí Abraham un altar, y compuso la leña, y ató a Isaac su hijo, y lo puso en el altar sobre la leña.

Y extendió Abraham su mano y tomó el cuchillo para degollar a su hijo." Génesis 22:9, 10.

¡Ay, qué terrible momento!

Pero él estaba obedeciendo a la voz de Dios.

¿Cómo fue posible que Dios le haya pedido a su único hijo?

Era lo que Abraham más amaba; siendo esta escena un prototipo del Padre entregando a su Hijo Unigénito al mundo en sacrificio, por nuestros pecados.

¡Qué grande amor!

Así puede ser probada tu fe.

¿Qué crees tú que Dios te pueda pedir?

¿Será ese sentimiento, del cual tú dices que no puedes vivir sin él o sin ella?

¿Será ese tiempo que pasas en el teléfono en cosas que no edifican?

Por supuesto que no te pedirá que lo sacrifiques como a Abraham a su propio hijo, porque Jesucristo ya vino para salvarte de la condenación eterna, sino que Él quiere que le demuestres su amor a Él primeramente, y todo aquello que esté ocupando el primer lugar en tu vida; el trabajo, los amigos, o algún sentimiento, sea en segundo lugar.

En esta oportunidad la intervención de Dios, llega en el momento que Abraham va a sacrificar a su hijo.

"Entonces el ángel de Jehová le dio voces desde el cielo, y dijo: Abraham, Abraham. Y él respondió: Heme aquí.

Y dijo: No extiendas tu mano sobre el muchacho, ni le hagas nada; porque ya conozco que temes a Dios, por cuanto no me rehusaste tu hijo, tu único." Génesis 22:11, 12.

Mira le dijo: tú Único.

Puede ser que te pida tu último recurso.

Puede ser que te pida tu última esperanza.

¡Obedécele y verás la gloria de Dios en tu vida!

Recompensas que recibió Abraham después de esto.

"Y llamó el ángel de Jehová a Abraham por segunda vez desde el cielo, Y dijo: Por mí mismo he jurado, dice Jehová, que por cuanto has hecho esto, y no me has rehusado tu hijo, tu único hijo; de cierto te bendeciré, y multiplicaré tu descendencia como las estrellas del cielo como la arena que está a la orilla del mar; y tu descendencia poseerá las puertas de sus enemigos.

En tu simiente serán benditas todas las naciones de la tierra, por cuanto obedeciste a mi voz." Génesis 22:15-18.

Dios recompensa a todos aquellos que le demuestran su amor y su fe, y que esa fe esté acompañada de obediencia.

¿Qué es lo que te está impidiendo que tengas fe en Dios?

1-¿La idolatría?, quizá tienes fe en los santos, les pides a ellos que te resuelvan tus problemas, que te hagan milagros y que te ayuden, eso no es verdad, no puedes postrarte a los ídolos que no hablan, que no oyen, que no ven, que no responden.

Pero sabes qué; el único que tiene el poder para hacer milagros se llama Jesucristo el Hijo de Dios, quien dio su vida por ti en la Cruz del Calvario y nadie más.

2-¿La religión?, quizá has dicho; en esta religión nací y en esta voy a morir, aunque esté errada. Pero sabes: Busca la verdad y síguela, Jesucristo dijo que Él era el camino, la verdad y la vida, nadie tiene el poder de perdonar pecados, sólo Jesucristo el Hijo de Dios, es el único que te hace libre.

3-Las riquezas de este mundo no pueden darte la entrada a la vida eterna, porque de qué le sirve al hombre si ganare todo el mundo y perdiere su alma.

4-La familia no debe ser idolatrada por nadie, el primer lugar en nuestra vida debe ser Dios, a tu familia ámala y protégela, pero que no tome el primer lugar en tu corazón porque Dios debe ser el número uno en tu vida.

No sigas viviendo engañado(a), hoy es el día que Dios quiere probar tu fe, posiblemente pasarás por pruebas.

Deja a tus ídolos que han sido hechos por hombres y muéstrale a Dios que los quitarás de tu corazón y de tu hogar, no tengas temor de sacarlos porque viene una gran bendición a tu vida, y el enemigo de tu alma no quiere que la recibas.

¿Qué necesitas?

La salvación de tu alma.

La sanidad de tu cuerpo.

La liberación de espíritus atormentadores en tus hijos.

La liberación de vicios infernales.

La liberación de la pobreza.

La liberación de pensamientos suicidas.

La liberación de maldiciones generacionales.

Deja la religión y recibe fe en tu corazón a través de una entrega total a Dios.

Deja la mentira, en la cual has vivido por años y serás completamente feliz.

Abraham, uno de los hombres que Dios llamó para dejarnos grandes ejemplos de su fe, fue probado y siguió obedeciendo a Dios, y su generación fue bendecida.

Quieres dejar un legado hermoso en tu familia como lo dejó Abraham siendo un hombre noble, generoso, no amador de las riquezas, sino quien demostró amar a Dios primeramente.

Si quieres cambiar el destino de tu vida y de tu familia, haz esta oración y di:

A ti Padre Celestial exalto tu nombre, me arrepiento de haberte fallado durante muchos años, quiero que me perdones por todos los pecados que he cometido, límpiame y restáurame, sana todas mis heridas. Sé que enviaste a tu Unigénito Hijo de Dios a morir por mí, quiero que Él sea mi única adoración, escribe mi nombre en el Libro de la Vida. Amén, amén y amén.

Para todo el
Buen creyente,
Su fundamento
Es Jesús.

Mary Escamilla
Dra. ❤

La Vid

Varón, honra
A tu esposa,
Eso le Agrada a
Nuestro Dios.

Mary Escamilla
Dra. ♥

La Vid

A los líderes
Puestos por
Dios, Él los
Respalda,
Los cuida,
Los guarda y
Les da la
Fortaleza
Que necesitan.

Mary Escamilla
Dra.

El verdadero

Creyente y

Discípulo da

Un buen

Testimonio

A los demás.

Y el falso

Vive a su manera.

Mary Escamilla
Dra. 🖤

La Vid

Lázaro
Y muchos
Antes de
Cristo
Resucitaron,
Pero volvieron
A morir.
El único que
Resucitó y
Venció a la
Muerte
Fue Jesucristo
Y vive para
Siempre.

Mary Escamilla
Dra.

Jesucristo
Fue un
Varón de
Dolores,
Rechazado
Por muchos.

Dra.

La Vid

El verdadero

Discípulo

Abraza

El camino

De la Fe.

Mary Escamilla
Dra.

La Vid

Al profeta

Samuel y a

Juan el Bautista,

Los mantenía

Su comunión

Con Dios

Para pasar

La prueba.

Y a ti también.

Mary Escamilla

Dra. ❤

La Vid

El profeta

Elías se fue

Con un cuerpo

Transformado.

Mary Escamilla
Dra. ♥

La Vid

Todo lo que

Te pasa

Cuando le

Sirves a Cristo

Es temporal

Y leve porque

Te espera la

Vida Eterna.

Mary Escamilla
Dra. ❤

La Vid

Él ya viene

Y el

Incrédulo

Se quedará.

Mary Escamilla
Dra. ♥

El Señor revela

A sus discípulos

Las parábolas.

Mary Escamilla
Dra. 🖤

Medita en la
Palabra de Dios,
De día y de noche.

Mary Escamilla
Dra. 🖤

La Vid

No andes con

Los malos

Porque…

¡Te contaminas!

Mary Escamilla
Dra. 🖤

La Vid

Dios es el único
Que forma los
Huesos dentro
Del hombre.

Mary Escamilla
Dra. ♥

ANDRÉS

Juan 1:40-42

EL LLAMADO DE ANDRÉS

Nació en Betsaida y tuvo el gran privilegio de haber sido el primer discípulo de Jesús. Pero antes fue discípulo de Juan El Bautista, Andrés fue el que llevó a Jesús al muchacho que tenía los cinco panes y los dos peces, cuando hizo el milagro de la multiplicación para alimentar a la multitud que le seguía.

Era un pescador junto a su hermano Simón Pedro, hijos de Jonás.

"Andando Jesús junto al mar de Galilea, vio a dos hermanos, Simón, llamado Pedro, y Andrés su hermano, que echaban la red en el mar; porque eran pescadores." San Mateo 4:18.

Jesús los invitó para que fueran pescadores de hombres, y ellos inmediatamente abandonaron sus redes y empezaron a seguir a Jesús.

Del mismo modo te invita a ti, a que seas pescador de hombres y atiendas a tu llamado, Él te manda a ir a hacer discípulos y anunciarles las buenas nuevas.

"Y les dijo: Venid en pos de mí, y os haré pescadores de hombres.

Ellos entonces, dejando al instante las redes, le siguieron." San Mateo 4:19,20.

Dejaron inmediatamente lo que disponían para ganarse el sustento diario para sus familias; confiaron, obedecieron y creyeron al Señor que Él iba a proveer.

Fue uno de los cuatro que en el monte de los Olivos preguntaron a Jesús por la señal que habría al final de los tiempos.

"Y se sentó en el monte de los Olivos, frente al templo. Y Pedro, Jacobo, Juan y Andrés le preguntaron aparte:

Dinos, ¿cuándo serán estas cosas? ¿Y qué señal habrá cuando todas estas cosas hayan de cumplirse?" San Marcos 13:3, 4.

Tuvo el privilegio de estar en momentos íntimos con Jesucristo, donde le hizo preguntas, fueron tiempos que impactaron su vida para luego compartir con otros el evangelio de poder.

¡Qué privilegio y qué maravilloso!, esos momentos en la compañía del Gran Maestro.

A Andrés, se le menciona por última vez poco después de la ascensión de Jesús.

Y entrados, subieron al aposento alto, donde moraban Pedro y Jacobo, Juan, Andrés…" Hechos 1:13.

¡Un llamado excepcional!

Te compartiré algunas de las cosas que puedes aprender de este hombre llamado por Dios, quien fue obediente a seguir Instrucciones Divinas.

I-ANDRÉS OBEDECIÓ AL LLAMADO INMEDIATAMENTE.

Este hombre se dispuso a dejar las redes que le daban su sustento, para vivir a través de la fe.

Dice la Palabra que:

"Ellos dejando al instante las redes, le siguieron."

Esto mismo está buscando el Señor en estos tiempos, hombres y mujeres dispuestos a dejar todo por Él, cuando sean llamados para su obra aquí en la tierra.

Todos en el mundo deben arrepentirse de sus pecados y recibir la salvación de sus almas, que es gratuita, a través del Unigénito Hijo de Dios Jesucristo, es un regalo no merecido que por gracia Él nos da.

¿Por qué sigues ignorando esta invitación?

Si es la más preciosa y el más grande tesoro.

¿Por qué sigues posponiendo el llamado que el Señor te ha hecho?

Ven ahora mismo y atiende al llamado.

No sigas perdiendo el tiempo en cosas vanas.

¿Por qué quieres seguir viviendo en el error? Si Él es la verdad.

No sigas haciendo tu propia voluntad, sigue a Dios, Él tiene el plan perfecto para tu vida.

No sigas en el error, busca al que puede sacarte de la esclavitud del pecado, al que te da la libertad, al que te puede sacar de la oscuridad a la luz.

Mira, Andrés inmediatamente dejó todo por obedecerle al Maestro de maestros.

Del mismo modo:

¿Cuánto tiempo está esperando Dios por tu obediencia?

¿Qué es lo que tienes que dejar?

La fornicación.

La mentira.

El adulterio.

El fraude.

El engaño.

El orgullo.

Los negocios ilícitos.

Dios quiere darte más de lo que el mundo te pueda ofrecer, no ames al mundo ni las cosas que están en el mundo.

Ven ahora mismo y tu vida será transformada de una manera grande y próspera.

El seguir a Jesucristo, nos trae:

Amor.

Gozo.

Paz.

Bondad.

Fe.

Mansedumbre.

Templanza.

Fe.

Benignidad.

¿Te hace falta alguna de estas cosas hermosas en tu vida?

Hoy Jesucristo te invita y te dice: Yo te doy todo eso y mucho más, sígueme. Así dice la Palabra.

"Venid a mí, y os haré pescadores de hombres."

¿Cuáles son las redes que tienes que dejar para obedecer a tu llamado?

¡Déjalas a un lado ahora mismo!

Porque la obediencia te hará prosperar en todo, la Biblia nos dice que si atendieres la voz de Dios y guardares sus Mandamientos las bendiciones te seguirán:

Serás bendecido en tu ciudad.

Será bendecido el fruto de tu vientre.

Serás bendecido en tu entrar y salir de cualquier lugar.

Serás bendecido en tus graneros.

¡Qué extraordinarias promesas de parte de Dios!

Y sobre todo, lo que pusieres en tu mano será bendecido; y verán los pueblos de la tierra y testificarán que el nombre de Jehová ha sido invocado por ti y temerán al Dios Todopoderoso.

Asimismo, estarás llevando el nombre del Señor como testimonio público que le obedeces y en ti verán la luz.

Del mismo modo, Andrés fue testigo que su Maestro fue crucificado y que fue obediente hasta la muerte y muerte de cruz.

A ese Dios te quiero presentar, éste día Él tiene el poder para sacarte de ese lodo cenagoso en el cual te encuentras; lleno de vicios, quizá de dolor, o de tristeza.

¡Hay esperanza para ti!

Valora ahora las cosas eternas y no sigas viviendo en esa vida de pecado y de miseria.

Dios quiere darte grandes bendiciones, no lo sigas rechazando, no te arrepentirás de atender a tu llamado.

Por supuesto, Andrés después de obedecer a su llamado fue lleno del poder del Espíritu Santo, fue al lugar donde Jesús les indicó que caería ese poder glorioso para él y sus demás discípulos.

¿Tú lo quieres recibir?

Es una promesa para todo aquel que ha recibido a Jesucristo en su corazón.

II-ANDRÉS FUE UN GRAN EVANGELIZADOR.

Empezó su ministerio trayendo a los pies de Jesucristo a su hermano Simón Pedro.

¡Qué maravilloso es empezar nuestro ministerio trayendo a los más cercanos a nosotros!, a veces no es fácil predicarle a la propia familia, pero si ven cambios de arrepentimiento en la vida de nosotros, ellos querrán imitar nuestra fe.

Verán cosas buenas en ti y una trasformación que ellos querrán tener también; porque tienes esa luz espiritual que te ha dado El Señor.

¿Quieres que tu familia que amas, conozca a Jesús de Nazaret?

Dale tu vida hoy al Señor Jesucristo y verás luego la promesa cumplida, pues su Palabra dice:

"Cree en el Señor Jesucristo y serás salvo tú y tu casa."

¡Qué maravillosa promesa de parte de Él!

Por otro lado, este hombre llamado por Dios trajo a su hermano primero, Jesús nos dejó una comisión de ir y predicar el Evangelio por todo el mundo y debemos empezar por hacerlo con los que están cercanos a nosotros.

¡Ese es tu primer ministerio!

¿Quiénes son los que no conocen a Jesucristo de tu familia?

¿Es tu esposo?

¿Es tu esposa?

¿Son tus concuños?

¿Son tus hijos?

¿Son tus abuelos?

¿Es tu suegra?

¿Es tu nuera?

¿Son tus sobrinos?

¿Es tu yerno?

¿Son tus tíos(as)?

¿Son tus cuñados(as)?

No te desalientes, predica este Evangelio precioso que trae salvación al alma perdida, sanidad para los cuerpos enfermos, liberación para el que está cautivo en vicios, para aquél que ha herido en sus sentimientos hay sanidad, aquél que está en depresión o ansiedad puede recibir su milagro.

Cree de verdad, porque todo está escrito.

Para Dios no hay nada imposible, yo sé que en la vida de tu familia hay muchas necesidades, empieza a hablarles del amor de Dios y verás los resultados, predica no sólo con tus palabras sino con tus hechos y ellos verán la gloria de Dios en sus vidas.

Y luego Andrés, después que le predicó a los de su casa, lo vemos evangelizando en regiones lejanas.

¡Excelente que atendió la instrucción a su llamado!

Por otro lado, Jesucristo nos dejó la gran comisión de ir y predicar el Evangelio a toda criatura y eso mismo debemos hacer nosotros, hablarles, aunque las personas no se conviertan en el momento, la Palabra de Dios no regresará vacía, sino dará fruto a su tiempo.

También debemos instruir a nuestros niños, en el hogar, ya que estamos viviendo una época de mucho pecado, el mundo quiere instruir a nuestros hijos de cómo deben conducirse en la vida, los están instruyendo erróneamente y quieren influir en la forma que ellos deben pensar.

Atiende a tu llamado porque el mundo está necesitando urgentemente hombres y mujeres dispuestos a pagar el precio, que dejen todo cuando Él los llame y poder obedecer así al llamado del Señor, eso traerá muchas bendiciones para ti y tu familia.

Dios nos dice en su Palabra que nos ha puesto como luz para las naciones del mundo entero, no debemos escondernos ni mucho menos dejar de hablar del mensaje transformador que trae salvación, liberación, sanidad y vida eterna.

Él quiere que llevemos la salvación a todo el perdido.

Vayan y hagan discípulos a todas las naciones y bautícenlos en el nombre del Padre del Hijo y del Espíritu Santo, así dijo nuestro Salvador.

Andrés no se avergonzó del Evangelio, porque predicarlo para él era hablar del Unigénito Hijo de Dios, vio con sus ojos los muchísimos milagros que Él realizó.

¿Quieres rescatar a muchos bebés que están en el vientre de sus madres hoy?

Muchos de ellos están a punto de ser asesinados por las leyes injustas que el hombre ha creado, ya no hay respeto a la vida que Dios está formando en el vientre de esas mujeres.

Este es el tiempo de levantarse y predicar este Evangelio poderoso, para que todo el mundo sepa que Él es el dador de la vida y que nadie puede quitársela a ningún ser humano.

Debemos tomar el ejemplo de este hombre que anduvo con Jesús y no se cansó de predicar el Evangelio de salvación.

También Andrés se caracterizó por tener un corazón dócil, una persona que aceptaba con agrado lo que se le decía, fácil de corregir, con un carácter apacible.

El orgullo y la altivez tienen que salir en el nombre de Jesucristo, basta ya de estar sufriendo por estos espíritus atormentadores que están haciéndole tanto daño a tu vida, renuncia a todos ellos, reprende y todo tu pasado quedará enterrado en el nombre de Jesucristo, seguirle es disfrutar de una vida plena con Él.

No dejes que nada ni nadie impida que seas libre, el testimonio de este hombre nos inspira a dejar todo por seguir sus pasos, Él no te abandonará nunca, siempre irá delante de ti.

¿Quieres aceptar su invitación este día?

Si tu respuesta es Sí; haz una oración de arrepentimiento y di:

Padre Celestial que estés en los cielos y en todo lugar, eres soberano omnipotente, omnisciente y omnipresente, me rindo completamente a ti, perdóname por mis pecados que he cometido durante toda mi vida, sé que enviaste a tu Hijo Unigénito al mundo para morir por mí, escribe ahora mi nombre en el Libro de la Vida, te lo pido en el nombre de Jesucristo. Amén, amén y amén.

La Vid

Cuando

Instruyes

A tus hijos

Desde

Pequeños,

Evitas que sean

Destruidos

Cuando

Son grandes.

Mary Escamilla

Dra. ❤️

La Vid

Dios es
Todopoderoso,
Tú eres
Su creación.
Te hizo a
Semejanza
De Él.

Mary Escamilla
Dra. ♥

La Vid

Las evidencias

De un

Verdadero

Creyente

Son sus

Frutos.

La Vid

A lo largo

De la historia

Hubo muchos

Profetas,

Pero el único

Que resucitó

Y vive para

Siempre,

El Grande,

Su nombre es

JESÚS de Nazaret.

Mary Escamilla
Dra. 🖤

La Vid

El sacerdote
De tu hogar
Es tu esposo,
No tomes su lugar.
Hay un Orden
Divino;
El hombre
Lleva el timón
Y la dirección
De su hogar,
No la mujer,
Porque ella es
La ayuda idónea.

Mary Escamilla
Dra. ♥

La Vid

Tú pídele
A Dios
Sabiduría y
Ciencia,
Así como lo
Hizo el
Rey Salomón.

Mary Escamilla
Dra. ♥

La Vid

El primer

Principio

Espiritual

Es someterse

A la autoridad

Superior.

Mary Escamilla
Dra. ♥

La Vid

Tú eres un

Guerrero del

SEÑOR,

Porque

Defiendes

La Sana

Doctrina.

Mary Escamilla

Dra. 🖤

La Vid

La Generación

De los Justos,

Es bendecida.

Mary Escamilla
Dra. ♥

Yo obedezco

Los principios

De Dios y medito

En su palabra.

¡Aleluya!

Mary Escamilla
Dra. ♥

La Vid

La mente y
El corazón
Del necio,
Lo pierden
Del camino.

Mary Escamilla,
Dra. ♥

La Vid

Anhelo
Que Dios Todopoderoso
Guarde tu
Corazón.

Mary Escamilla
Dra. ❤️

La Vid

El poder de Dios
Fluye siempre
En los canales
Abiertos.

Mary Escamilla
Dra. ♥

La Vid

Jesús habita
En el corazón
Humilde y
Contrito.

Mary Escamilla
Dra. ♥

La Vid

Ocúpate por recibir
Poder de lo Alto,
No del mundo.

Mary Escamilla
Dra. 🖤

73

Daniel

Daniel 6:1-28

EL LLAMADO DE DANIEL

Daniel venía de una familia muy prominente, tenía mucha inteligencia, el ejército de Babilonia lo llevó cautivo a un país lejano pues vieron en él un gran potencial. Trabajó para varios reyes: Nabucodonosor, Belsasar, Darío y Ciro; llegó a ser el primer ministro, pero muchos lo envidiaban por su posición y eso le provocó muchos ataques a su vida, que le causaron mucho dolor.

Estuvo involucrado en un nivel bien alto dentro de la política, también fue muy respetado porque era diligente en todo lo que hacía.

A pesar que trabajaba con reyes paganos, nunca comprometió su fe ante nada, aun cuando muchas veces fue amenazado de muerte.

Demostró ser un verdadero hijo de Dios.

¡Qué ejemplo más maravilloso!

Él ha sido un modelo a través de los tiempos, un ejemplo a seguir en medio de vivir con personas paganas, adoradores de dioses falsos, determinó no contaminarse y lo logró.

¿Por qué?

Porque él amaba y le servía al Dios verdadero, recibió una serie de visiones sobre el final de los tiempos.

Daniel llegó a interpretar un sueño al rey.

"Hizo llamar el rey a magos, astrólogos, encantadores y caldeos, para que le explicasen sus sueños. Vinieron, pues, y se presentaron delante del rey." Daniel 2:2.

Pero nadie los pudo interpretar, era muy difícil, y estos hombres le dijeron al rey que no había nadie que lo pudiera hacer. El rey se llenó de mucha ira y se enojó tanto que dio la orden que matasen a todos los sabios de Babilonia.

Estos sabios buscaron a Daniel y sus compañeros para matarlos, pero ahí estaba un verdadero hijo de Dios y éste entró donde estaba el rey y le pidió tiempo para mostrarle la interpretación.

Y Daniel se fue a buscar el rostro del único Dios verdadero y le fue revelado en visión de noche, el sueño que el rey había tenido.

Asimismo, tú busca siempre la Dirección Divina porque:

Dios es el único que revela lo profundo y escondido, Él conoce a todo el ser humano, nadie puede esconderse de su presencia.

Y Daniel salió victorioso, le declaró el sueño y también lo interpretó; luego el rey, al ver a este hombre lleno del Espíritu de Dios, le engrandeció, le hizo honores, le dio regalos valiosos y además lo eligió como gobernador de todo el territorio de Babilonia.

¡Extraordinario es cuando la recompensa viene de lo Alto!

Y además Daniel intercedió ante el rey por sus amigos:

"Y Daniel solicitó del rey, y obtuvo que pusiera sobre los negocios de la provincia de Babilonia a Sadrac, Mesac y Abed-nego; y Daniel estaba en la corte del rey." Daniel 2:49.

Dios sabe pagar bien a quien bien le sirve, lo contrario de lo que hace el enemigo de tu alma, quien apareció para destruirte.

Ahora te pregunto:

¿Amas tú y sirves al verdadero Dios?

¿O estás sirviendo al dios de este mundo, que es pura mentira?

Recuerda:

Dios te está esperando con los brazos abiertos.

MARY ESCAMILLA

¿Por qué Daniel llegó a ser el hombre que fue?

Veremos algunas cualidades de él.

I-DANIEL DETERMINÓ NO CONTAMINARSE.

"y Daniel propuso en su corazón no contaminarse con la porción de la comida del rey, ni con el vino él bebía; pidió, por tanto, al jefe de los eunucos que no se le obligase a contaminarse." Daniel 1:8.

Esto mismo nos pide el Señor cuando nos llama al arrepentimiento, Daniel no participó en la adoración a dioses falsos.

Se mantuvo firme en su fe, siendo su vida espiritual un gran ejemplo en medio de una corte pagana, juntamente con sus tres amigos.

Lo primero que hizo el rey Nabucodonosor fue dar la orden que se les alimentara de la misma comida de su mesa y del vino que él bebía, y después de ser alimentados por tres años debían presentarse delante del rey, pero muchos de los alimentos consumidos por los Babilonios se encontraban algunos que eran prohibidos por la ley, como animales que los comían aun con sangre, el consumirlos era para Daniel participar de los dioses falsos y propuso en su corazón no hacerlo.

Daniel y sus amigos dijeron: No, no comeremos de esa comida, y hallando gracia ante el jefe de los eunucos, él accedió a su petición dándoles legumbres para comer y agua para beber.

Ellos comían semillas, granos como alverjas, cebada, trigo. Y agua para tomar, no bebidas endulzantes que son dañinas al cuerpo.

Quizá tú dirás que no era una comida atractiva como una hamburguesa o una carne roja bien preparada, o comida rápida que te llena pero no te nutre.

Un gran ejemplo para estos tiempos, estamos tan apurados que no queremos cocinar en casa, compramos más comidas en la calle, con mucha grasa y sin ningún nutriente; y de esta forma nos hemos vuelto adictos a la comida "chatarra" que no nos beneficia en nada, al contrario, produce enfermedades y muchas veces la muerte, es por el afán y la falta de sabiduría de cómo alimentarse.

Daniel y sus amigos renunciaron a esta clase de alimentos, buscaron cuidar su templo de toda contaminación de espíritu y de su carne; ¿y qué sucedió?…

Al cabo de diez días, Daniel y sus compañeros parecían más robustos que los otros muchachos que comían de la comida del rey.

Dios los respaldó dándoles mucho conocimiento e inteligencia en todas las letras y ciencia; pero Daniel tuvo mucho entendimiento en toda visión y sueños.

Cuando el rey los vio, no había hombres mejores que ellos.

"En todo asunto de sabiduría e inteligencia que el rey les consulto, los halló diez veces mejores que todos los magos y astrólogos que había en todo su reino." Daniel 1:20.

¿Quieres tú ser parte de este grupo de jóvenes?

Es difícil en estos tiempos, hacer tal determinación en la vida, de separarse de toda contaminación que el mundo ofrece a toda la humanidad.

¡Apártate para Dios, no te contamines!

Muchos platos aparentemente atractivos, están a disposición:

-Relaciones inmorales, fornicación, adulterio, relaciones mixtas.

-Confusión mental, noticias alarmantes, que traen temor, mentiras y muerte.

-Atracciones visuales, películas, pornografía.

Y cuántas cosas más…

Posiblemente estás viviendo en oscuridades, agradando al que gobierna este mundo que es el diablo, pero recuerda que él es el padre de toda mentira, no le sigas creyendo, él quiere llevarte al mismo infierno.

Pero no lo dudes, Él está peleando por tu alma.

Sacúdete de ese enemigo de la oscuridad, sigue la luz de Jesús.

No sigas contaminándote, ven a Jesucristo, abstente de todo lo que este mundo te ofrece y entrégate a Él, demuestra quién es el verdadero dueño de tu vida.

¡Tú no puedes solo(a), pero con Dios a tu lado lo lograrás!

Si nos abstenemos de muchas cosas tendremos la victoria.

La Biblia dice: Todo me es lícito, pero no todo me conviene. Así que a pensar antes de tomar decisiones.

Pide Dirección Divina, ese el camino correcto.

Daniel fue atacado muchas veces y de diferentes formas, ya que el enemigo de nuestras almas insiste en que seamos presa de muchas trampas, él usa a las personas de nuestro alrededor, pero debemos de estar en oración para resistir todo ataque.

Daniel nos da un ejemplo de cómo se mantuvo firme ante tanto ataque a su propia vida.

II- DANIEL, UN HOMBRE DE ORACIÓN.

"Cuando Daniel supo que el edicto había sido firmado, entró en su casa, y abiertas las ventanas de su cámara que daban hacia Jerusalén, se arrodillaba tres veces al día, y oraba y daba gracias delante de su Dios, como lo solía hacer antes." Daniel 6:10.

La oración es una llave para ser un vencedor.

¿Qué es la oración?

Es simple, hablar con Dios.

Él te está esperando y quiere escucharte.

¿Con cuántas personas te comunicas diariamente?; con tu esposo, con tus hijos, con tus vecinos, con tus compañeros de trabajo. En todo lugar, en las tiendas, ahora con los medios sociales constantemente estamos comunicándonos.

Pero:

¿Cuánto tiempo dedicamos diariamente para hablar con Dios?

Quizá sea mínimo el tiempo o no lo hacemos; pero éste es el día de decir necesito de ti; voy a buscar tu rostro en oración.

Lo primero es abrirle las puertas de tu corazón, pedirle perdón y que Él entre y haga morada en ti.

Daniel oraba en todo tiempo en las pruebas y tribulaciones como en los tiempos de gozo y bonanza.

Siempre oraba tres veces al día, nosotros debemos hacer lo mismo; así como nos alimentamos tres veces al día, así él lo hacía, se postraba delante para orar. Asimismo debemos hacerlo nosotros, expresarle nuestro agradecimiento y amor, adorarlo y luego solicitarle nuestras peticiones.

Hay muchas personas que claman a Dios solamente cuando vienen las pruebas, o cuando reciben malas noticias en su vida, pero Él quiere que le busquemos cada día.

Dios sigue esperando oír tu voz, no tardes en hacerlo.

¿A quién debemos orar?

Al único Dios verdadero, hoy en día hay muchos dioses creados por el mismo hombre, y muchos han puesto la confianza en ellos, les hablan y les piden a imágenes que son hechas por hombres, las cuales tienen ojos mas no ven, oídos tienen y no oyen, pies tienen y no pueden caminar, manos tienen, pero no pueden palpar, son simplemente hechas de yeso o de madera, pero nunca te van a contestar, no te postres más a ellos.

¡Dejemos de ofender a Dios!

Al Señor tu Dios adorarás y a Él sólo servirás, ese es el primer mandamiento dado por Dios a Moisés en el monte Sinaí.

Oremos al único Dios verdadero, el creador del cielo y de la tierra, al soberano y poderoso que tiene el control total del universo.

Daniel logró estar como gobernador, siendo el mejor porque había en él un espíritu superior, y sus compañeros buscaban en él cosas malas para señalarlo y ponerlo en mal con el rey, pero como no encontraron nada planearon una trampa y el rey aprobó una ley que después le pesó, pero ya era tarde, ya había firmado el edicto.

Daniel estaba rodeado de personas que deseaban su mal, así mismo hoy en día hay personas que te han deseado el mal, quizá en tu familia, en la escuela, en el trabajo, o aun en la misma iglesia.

¿Cómo has reaccionado a estos ataques?

Te alejas de Dios.

Te enojas.

Te peleas.

Te impacientas.

Te malhumoras.

Por eso en este día queremos invitarte a que le entregues tu vida completa a Jesucristo y verás que tus reacciones ante estos ataques cambiarán; podrás llegar a su presencia a través de la oración.

A Daniel le prohibieron que orara al Dios verdadero, pero él no obedeció, con valentía se enfrentó y la sentencia era que lo tirarían a un foso de leones; y así lo hicieron.

Pero algo maravilloso sucedió, un milagro de Dios, el rey Darío al saber que Daniel había sido echado en el foso de los leones se entristeció, se acostó, no comió ni hubo instrumentos de música, y a la mañana siguiente, muy temprano, se fue rápido donde estaba Daniel y sucedió algo inesperado:

"Y acercándose al foso llamó a voces a Daniel con voz triste, y le dijo: Daniel, siervo del Dios viviente, el Dios tuyo, a quien tú continuamente sirves, ¿te ha podido librar de los leones?

Entonces Daniel respondió al rey: Oh rey, vive para siempre.

Mi Dios envió su ángel, el cual cerró la boca de los leones, para que no me hiciesen daño, porque ante él fui hallado inocente; y aun delante de ti, oh rey, yo no he hecho nada malo." Daniel 6:20-22.

¡Maravilloso lo que Dios puede hacer!

El rey se llenó de gozo grandemente y mandó a sacar de ese foso a Daniel, y vieron que nada le había pasado.

Dios envió su ángel y cerró la boca de los leones.

¿Qué bocas Dios tiene que cerrar para que no seas destruido(a)?

-La boca del impío.

-La boca del que te calumnia.

-La boca del que te señala.

-La boca de tu cónyuge.

-La boca del enemigo.

-La boca del que te insulta.

-La boca del que te acusa falsamente.

¿Quieres que Dios envíe su ángel?

Entrégale tu vida solamente a Jesucristo, Él puede librarte de la condenación eterna y también que seas guardado de todo mal.

Luego, después de eso, Daniel llegó a ser muy próspero, su lealtad y entrega completa a Dios lo llevó a ponerlo en posiciones grandes.

En este mundo muchas veces nos afanamos sólo por obtener lo terrenal, algunos buscan fama, fortuna y dinero; pero cuando conocemos a un Padre en los cielos que nos amó, el cual envió a su único Hijo Amado a esta tierra para morir por nuestros pecados y, si nosotros nos arrepentimos y lo reconocemos como nuestro Salvador y le servimos en su reino; podemos obtener muchas cosas que son de más valor como:

-La sabiduría.

-La inteligencia.

-El poder.

-El conocimiento.

-La prudencia.

-La ciencia.

-La bondad.

-La mansedumbre.

-El amor.

-La Paz.

-El gozo.

Daniel no adoró a esos dioses falsos, fue leal a Dios y rehusó participar de todo lo impuro.

Este profeta de Dios prosperó por su rectitud, amor y fidelidad al único Dios verdadero; por eso estuvo delante de reyes y les llevó palabra del cielo para corregir sus errores.

¿Quieres tú también buscar el reino de Dios primero?

Como resultado obtendrás también las bendiciones terrenales, porque así es nuestro Dios, si buscamos las cosas del cielo, lo demás nos vendrá por añadidura.

Porque Él te ama cuando eres obediente, Él se agrada contigo.

Quizá toda tu vida has buscado las añadiduras primero y por eso has fracasado en todo, éste es día que Dios te permite y te invita a que lo recibas en tu corazón, no lo sigas posponiendo y di:

Ahora, en este día, vengo a ti pidiéndote perdón por todos mis pecados, me arrepiento de corazón, quiero cambiar el rumbo de mi vida, reconozco que te fallé pero sé que enviaste a Jesucristo a esta tierra para que muriera por mí, te recibo como único y suficiente Salvador de mi alma, y quiero que escribas mi nombre en el Libro de la Vida, sé que contigo a tu lado podré dejar todo lo que me ha impedido serte fiel y servirte, hoy atiendo a tu llamado y propongo no contaminarme, renuncio a mi vida antigua, te lo pido en el nombre de Jesucristo. Amén, amén y amén.

Dios llama

Al hombre

Y lo prepara

Como un

Instrumento

Para servirle.

Mary Escamilla
Dra. ❤

Pastores

Obispos y

Diáconos;

Esos son

Los líderes

De la

Iglesia.

La Vid

Los verdaderos
Apóstoles
Fueron el
Fundamento
De la Iglesia
Y el último
Fue Pablo.

Mary Escamilla
Dra. ❤

La Vid

El hombre
Lleva el timón
Y la dirección
De su hogar,
No la mujer,
Porque ella es
La ayuda idónea,
Y no la cabeza.

Mary Escamilla
Dra. ❤

La Vid

No hay

Hombres grandes,

Hay hombres

Humildes y

Obedientes que

Tienen un Dios

Grande y poderoso,

Que los exalta

Como hombres.

Mary Escamilla
Dra.

La Vid

Yo estoy a

Diario

En el campo

De batalla

Espiritual,

Porque soy

Discípulo de

Jesucristo.

Mary Escamilla
Dra.

La Vid

El verdadero

Hijo de Dios

Y un auténtico

Discípulo,

No trae

Guardaespaldas,

Es humilde y sirve.

Mary Escamilla
Dra.

La Vid

Señor, quiero
Meditar en tu
Palabra todos
Los días de mi vida.

Mary Escamilla
Dra.

91

Dios me ha
Dado muchas
Bendiciones en
Todo tiempo.

Mary Escamilla
Dra. ♥

Dios dio la

Biblia

Para

Obedecer

Su Palabra.

Mary Escamilla
Dra. ♥

La Vid

Gracias Señor

Por sacarme

Del Desierto

Y llevarme a la

Tierra Prometida,

Donde fluye leche y miel.

Mary Escamilla
Dra. ♥

La Vid

La Palabra de Dios
Es el alimento
Diario de mi vida.

Mary Escamilla
Dra. ♥

La Vid

Los verdaderos

Profetas hablan

La Palabra Escrita

Que está en la Biblia.

Mary Escamilla
Dra. ♥

Varón,

Camina en

Orden Divino,

No permitas que

La mujer te robe

Tu alma.

Mary Escamilla
Dra. ♥

La Vid

El justo
No teme
De las
Malas
Noticias.

Mary Escamilla
Dra. ♥

Jacob

Génesis 32:22-30

EL LLAMADO DE JACOB

Jacob, después de engañar a su hermano Esaú, y aprovecharse del cansancio que traía cuando venía de trabajar en el campo, con engaños negoció con él lo más preciado que era su primogenitura.

La Palabra dice:

"Y guisó Jacob un potaje; y volviendo Esaú del campo, cansado, dijo a Jacob: Te ruego que me des a comer de ese guiso rojo, pues estoy muy cansado. Por tanto fue llamado su nombre Edom.

Entonces Jacob dio a Esaú pan y del guisado de las lentejas; y él comió y bebió,…". Génesis 25:29, 30, 34.

Y después…

Tuvo que huir, pues un espíritu de temor se apoderó de él, sintiendo mucho miedo y pensando que su hermano al reaccionar de su mala decisión, lo mataría.

Y prefirió huir en lugar de enfrentar las consecuencias.

A Isaac, su padre le da unas indicaciones para elegir su esposa:

"Entonces Isaac llamó a Jacob, y lo bendijo, y le mandó diciendo: No tomes mujer de las hijas de Canaán.

Levántate, ve a Padan-aram, a casa de Betuel, padre de tu madre, y toma allí mujer de las hijas de Labán, hermano de tu madre.

Y el Dios omnipotente te bendiga, y te haga fructificar y te multiplique, hasta llegar a ser multitud de pueblos." Génesis 28:1-3.

Un ejemplo claro de cómo los padres tienen que bendecir a sus hijos, aconsejarlos para que no cometan errores en su vida y siempre tomen la Dirección Divina, eso es muy importante.

La decisión de escoger a su pareja es de vital importancia, no unirse con yugo desigual. Porque dos que no se ponen de acuerdo, no tienen nada en común.

De esa forma nos evitaremos menos problemas en la convivencia matrimonial.

¡Así que, a escuchar el buen consejo!

Después vemos que Dios se le aparece a Jacob por primera vez, él tomó unas piedras y se recostó y tuvo un sueño.

"Y soñó: y he aquí una escalera que estaba apoyada en tierra, y su extremo tocaba en el cielo; y he aquí ángeles de Dios que subían y descendían por ella.

Y he aquí, Jehová estaba en lo alto de ella, el cual dijo: Yo soy Jehová, el Dios de Abraham tu padre, y el Dios de Isaac; la tierra en que estás acostado te la daré a ti y a tu descendencia". Génesis 28:12, 13.

Jacob quedó impactado de este sueño y dijo que ciertamente Jehová estaba en ese lugar, y expresó: "Y yo no lo sabía".

Mira, asimismo los ojos de Jehová están en todo lugar, porque Él es Omnipresente.

Y ahí hizo un voto con Dios y dijo:

"Y esta piedra que he puesto por señal, será casa de Dios; y de todo lo que me dieres, el diezmo apartaré para ti." Génesis 28:22.

Amados ahí vemos:

¡Que la presencia de Dios es incomparable!

Dios cambia la naturaleza pecaminosa del hombre por la Divina.

Nuestro Padre Celestial envió a su Unigénito Hijo Jesucristo a morir por todos los pecados de la humanidad, para que a través de este sacrificio el hombre cambiara de sus malos caminos e hiciera una transformación total en cuerpo, alma y espíritu.

Jacob, luego de pasar muchas experiencias amargas en su vida, tuvo otra experiencia gloriosa con Dios.

Y ahí Dios cambia su nombre de: "Engañador" a "Príncipe de Dios."

"Y el varón le dijo: ¿Cuál es tu nombre? Y él respondió: Jacob.

Y el varón le dijo: No se dirá más tu nombre Jacob, sino Israel; porque has luchado con Dios y con los hombres, y has vencido." Génesis 32:27, 28.

¡Maravilloso es Dios!

Él nos cambia el nombre, así como lo hizo con Jacob cuando le llamó a servirle.

¿Cuál es tu llamado?

Siempre recuerda que:

I-TODO LO QUE EL HOMBRE SEMBRARE, ESO COSECHARÁ.

No sembremos malas semillas, porque nuestra vida se verá siendo perseguida por espíritus de temor.

¿Qué semillas estás sembrando en tu hogar como padre y madre?

¿Tus hijos te tienen temor?

¿Tu esposa sufre por tu mal carácter?

¿Tu esposo es víctima de tu mal proceder?

¿Tus hijos no te obedecen porque están heridos?

¿Cuáles son esas malas semillas que has sembrado?

-El engaño.

-La traición.

-La mentira.

-La infidelidad.

-El robo.

-El enojo.

-Tus malas palabras.

-La hipocresía.

Jacob sembró engaño; y su cosecha fue engaño, cuando llegó a un lugar llamado Padan-aram, vio a una joven hija de Labán que era hermano de su madre Raquel, y cuando la vio quedó impresionado; la besó, alzo su voz y lloro, se enamoró y quiso casarse con ella, pero tuvo que trabajar siete años según lo convenido con su padre, pero el día más esperado, el día de su boda fue un desastre, le mintieron, lo mismo que él había sembrado.

Labán, el padre de Raquel, le tiende una trampa y le da a su hija mayor Lea, o sea otra mujer diferente a la que él se había enamorado.

Aquí vemos a Jacob recibiendo la cosecha de la semilla que había sembrado, engaño; y después de la noche de bodas se dio cuenta que durmió con la hermana de su esposa, la cual no era su amada y se puso furioso pues no era fácil recibir a una mujer que él no amaba; pero Dios tenía que tratar en el corazón de este hombre llamado por Dios.

Y empieza él a reclamarle a su suegro, Jacob estaba experimentando en carne propia el ser engañado.

Tuvo que seguir trabajando por la mujer que él amaba, Raquel, y sufrió injusticias, una de ellas fue que el sueldo o sea su pago le fue cambiado diez veces.

¿Cómo? Sí, su patrón hizo estas cosas con él.

¿Te has quejado alguna vez de tus jefes?

Me imagino que muchos dirán: Sí.

¿Cuál ha sido tu reacción?

Enojarte.

Dejar el trabajo.

Pelear con tus jefes.

Expresarte mal de ellos.

Desearles lo peor.

Deja de esparcir semillas dañinas, porque cosecharás:

-Dolor.

-Enfermedad.

-Angustia.

-Pobreza.

-Ansiedad.

-Desesperación.

-Traición.

-Engaño.

-Mentira.

-Y toda clase de maldición.

Pero hay buenas semillas que puedes sembrar y son las que vienen de un corazón lleno del Espíritu de Dios y su cosecha es maravillosa, su fruto es incomparable.

¡El amor es la mejor semilla, que puedes sembrar!

Si la siembras en todo lugar, los resultados serán maravillosos en tu vida y la de tu querida familia.

¡Deshagámonos de esas malas semillas que están en nuestra propia humanidad y busquemos el rostro de Dios!

Si todavía no le has entregado tu vida a Jesucristo lo puedes hacer hoy, no tardes en venir a Él, Él quiere ayudarte, Él no quiere que sigas sufriendo en este mundo, Él quiere que goces de todas las maravillas que Él ha hecho en su creación.

Recuerda: Eres amado(a) por Dios.

Jacob soportó mucho, estaba siendo formado en la escuela divina donde muchos no alcanzan a graduarse, porque antes de tiempo se salen, porque no se quieren someter a Dios ni a las autoridades superiores; no aprenden la disciplina que es el principio de la obediencia.

Pero los ojos de Dios examinaban todo el panorama en la vida de Jacob, él conocía su corazón.

Pero en medio de todo lo que pasaba, Dios empezó a bendecir a Jacob, en la casa de su suegro.

Dios es un Dios justo y no se complace con la injusticia, y ya Labán estaba cometiendo injusticia con Jacob, lo estaba explotando.

Labán empezó a sentir mucho celo de Jacob y éste recibe la Orden Divina de abandonar esa casa y dirigirse a la tierra de sus padres.

Y se fue…

¿Por qué Dios le dio esa orden?

Porque su corazón ya había sido procesado en esa escuela y era el momento de acercarse a su llamado; pero antes tenía que arreglar las cuentas de su pasado.

Del mismo modo Dios te prepara a ti para tu llamado y Él te da la Intuición y Dirección Divina.

II-SU MINISTERIO EMPEZÓ CUANDO ÉL PIDIÓ PERDÓN.

Dos hermanos que habían compartido el vientre de su madre, están ahora distanciados por la enemistad.

Jacob había pagado las consecuencias de su pecado, pero Dios permite que ellos se reconcilien.

Porque Él tiene todo el poder y el tiempo perfecto y exacto para hacerlo.

¿A cuántas personas les has fallado?

Dios te dice hoy:

Éste es el momento de acercarte y pedirles perdón a aquellas personas que les fallaste y también a las que te dañaron.

Pero antes de ese encuentro, Dios permite que Jacob se quede solo, y tuvo una experiencia sobrenatural.

"Así se quedó Jacob solo; y luchó con él un varón hasta que rayaba el alba.

Y cuando el varón vio que no podía con él, tocó en el sitio del encaje de su muslo, y se descoyuntó el muslo de Jacob mientras con él luchaba.

Y dijo: Déjame, porque raya el alba. Y Jacob le respondió: No te dejaré, si no me bendices." Génesis 32:24-26.

Dios quiere que te apartes de tu familia para tener un momento con Dios, para que puedas experimentar su presencia y para poder vivir victorioso.

Él quiere un encuentro contigo también a solas.

Pero muchos desaprovechan el tiempo viviendo sólo para las cosas de este mundo y no ponen la mirada en lo Alto.

¿Y tú?

¿Trabajas ocho horas o más?

¿Ves las redes sociales quizá más de una hora?

¿Dedicas tiempo para hablar por teléfono?

¿Gastas tu tiempo en vanidades de la vida, sin tener tiempo para administrarlo?

Pero:

¿Cuánto tiempo al día dedicas tú para buscar el rostro de Dios?

¿Oras?

¿Lees la Palabra de Dios?

¿Asistes a una Iglesia de sana doctrina?

Recuerda, tú eres llamado(a) a un ministerio.

No lo pospongas, atiende a tu llamado es un privilegio servir a Dios.

¿Cómo está tu corazón?

Herido por lo que te hicieron.

Resentido por lo que te pasó.

Amargado en tu carácter.

NO importa cómo esté, Dios en su Palabra nos dice que:

Él es el que sana TODAS tus dolencias, como puedes ver son todas, no algunas, no pocas, sino todas.

Después de experimentar la sanidad de tu alma y de tu corazón podrás perdonar.

Jesucristo nos dejó el máximo ejemplo del perdón, en medio de la tortura que estaba recibiendo dijo:

"Perdónalos porque no saben lo que hacen".

Él nos dice en la oración modelo que debemos perdonar.

Así que, vamos en el nombre de Jesucristo a perdonar:

A ese padre que te abandonó.

A esa madre que te insultó y no te corrigió, perdónalos, aprende a tener paz en tu corazón.

A ese familiar que te hizo daño.

A ese vecino que te hace la vida imposible.

A ese compañero de trabajo difícil de soportar.

A ese jefe que no te trata bien.

A ese hermano o hermana que te ve mal en la iglesia.

A ese compañero(a) de estudios que no te quiere.

Y la lista podría ser demasiado larga, pero tú sabes a quiénes debes perdonar.

No te endurezcas, no te apartes de Dios.

No es nada fácil, porque hay recuerdos que no son nada gratos, pero si dejas que el Doctor de doctores sane tu corazón y tu mente, sí lo podrás hacer.

¡Levántate de esa condición de odio y resentimiento!

¡Levántate porque largo camino te queda por recorrer!

No luches con Dios, ríndete a Él.

Quieres ser vencedor en el ministerio al cual Dios te ha llamado, Jacob fue un hombre que Dios llamó.

Este hombre cometió sus errores y pagó las consecuencias, pero no se quedó ahí, Dios lo visitó y en esa experiencia sobrenatural que tuvo viendo cara a cara la Majestad Divina, fue un hombre cambiado y ya no tuvo temor de enfrentarse a su hermano, ese miedo se apartó de él, se inclinó en tierra delante de su hermano Esaú, sin armas y sin un espíritu de defensa.

Lo más hermoso fue que Dios también había tratado con su hermano Esaú en ese tiempo de distanciamiento, y ya no estaba enojado por lo que Jacob le hizo, el pasado lo enterraron y se abrazaron y lloraron.

Eso mismo quiere hacer Dios en tu vida; salvarte a través del sacrificio de Jesucristo, y tendrás poder a través de Él, y lo serás también con todos.

Cuando hay arrepentimiento genuino de corazón y quieres pedirle perdón al Padre Celestial por haberle fallado, haz una oración de entrega total y di:

Querido Padre Celestial, creador de todo lo que existe, vengo a ti a pedirte perdón por todos mis pecados, te he fallado, pero hoy me arrepiento, sé que Jesucristo murió por mí en la Cruz del Calvario y que al tercer día resucitó de entre los muertos y hoy está sentado a la diestra del Dios Padre intercediendo por mí; escribe mi nombre en el Libro de la Vida, te lo pido en el nombre de Jesucristo. Amén, amén y amén.

El Señor
Me trajo
Al Ministerio
Para
Bendecirme y
Gobernarme.

Mary Escamilla
Dra. ♥

La Vid

El arma

Más

Ofensiva

Para

Satanás,

Es la

Palabra

De Dios.

Mary Escamilla
Dra. ♥

La Vid

Cuando te
Esfuerzas y
Eres valiente,
El Señor te
Recompensa
En grande.

Mary Escamilla
Dra. ❤

La Vid

El Faraón
Representa
A Satanás,
Egipto
Representa
Al Mundo,
Y DIOS
Manda el juicio.

Mary Escamilla
Dra. ♥

La Vid

Un verdadero
Hijo de Dios
No pide nada
Prestado,
Porque confía
Plenamente
Que Dios
Le proveerá.

Mary Escamilla
Dra.

La Vid

Procura

Hablar del

Evangelio

Diariamente,

Porque

A eso fuiste

Llamado.

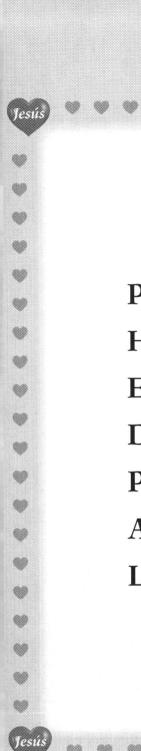

Mary Escamilla
Dra.

La Vid

Los líderes

No son

DIOS para

Cambiar

La vida

De nadie.

Solamente ÉL

Puede hacerlo.

Mary Escamilla

Dra.

La Vid

Las tinieblas
Se relacionan
Con el pecado
Y el vicio.

Mary Escamilla
Dra. ♥

117

Guarda

Tu dignidad

Para que

No seas

Juzgado.

Mary Escamilla
Dra. 🖤

La Vid

El Santo Espíritu
De Dios, nos da
Revelación de la
Escritura.

Mary Escamilla
Dra. ❤

La Vid

Dios confinó a
Los ángeles caídos
A prisión de
Oscuridad eterna.

Mary Escamilla
Dra. ❤

La Biblia

Es Exacta de

Principio a Fin.

Mary Escamilla
Dra. ♥

La Vid

Las personas

Que se separan

De Dios, no son

Nada sin Él.

Mary Escamilla
Dra. ❤

La Vid

Dios me da
El poder de la
Prosperidad
En mi vida.

Mary Escamilla
Dra. ♥

La Vid

Puedo olvidarme
De todo, pero nunca
De Dios Todopoderoso,
Porque Él es el primero
En mi vida.

Mary Escamilla
Dra. 🖤

JUAN
EL BAUTISTA

Mateo 3:13-17

EL LLAMADO DE
JUAN EL BAUTISTA

Fue hijo de Zacarías y Elisabet, ellos se conducían intachablemente, eran justos, de edad avanzada y aún no habían podido realizar el sueño de tener hijos.

Estando su padre Zacarías ministrando, se le aprecio un ángel del Señor puesto en pie, a la derecha del altar del incienso y en ese momento se llenó de temor al verlo, pero el ángel le dijo:

"Zacarías no temas; porque tu oración ha sido oída, y tu mujer Elisabet te dará a luz un hijo, y llamarás su nombre Juan.

Y tendrás gozo y alegría, y muchos se regocijarán de su nacimiento." San Lucas 1:13, 14.

¡Qué promesa más grande!

Sin embargo, en medio de la incapacidad de reproducción de esta pareja, Dios muestra que no hay nada imposible, porque para Él todo es posible.

Vemos el ejemplo de grandes hombres llamados por Dios, naciendo de un vientre estéril para la ciencia, como:

El vientre de Ana, dando a luz al profeta Samuel.

El vientre de la mujer de Manoa, dando a luz a Sansón.

El vientre de Sara, dando a luz al hijo de la promesa, Isaac.

El vientre de Rebeca, dando a luz a Jacob y Esaú.

Y muchas mujeres que eran estériles y se sentían deshonradas, porque en aquella época así consideraban la esterilidad, como una maldición; pero vemos que Dios hace cambios repentinos.

Cree tú, que cuando la ciencia te dice no hay solución, Dios te dice: "Yo lo puedo hacer".

En qué área de tu vida te sientes estéril:

En el área física.

En el área emocional.

En el área ministerial.

Recuerda: Hay poder en la sangre de Cristo Jesús.

Además, el ángel le siguió diciendo a Zacarías que su hijo sería grande delante de Dios y que él no bebería vino ni sidra, y que iba a ser lleno del Espíritu Santo desde que fuera engendrado en el vientre de su madre.

Y le dio el ángel promesas maravillosas, de ese hijo que tendrían, que iba a ser usado poderosamente.

Zacarías, su padre, no lo podía creer pues él era ya viejo y su esposa también.

¡Un milagro sobrenatural de Dios!

En medio de su incredulidad el ángel se identificó y le dijo que era Gabriel.

Como podemos ver este hombre llamado por Dios experimentó un nacimiento sobrenatural, cuando la ciencia decía ya no es tiempo, Dios mostró su gran poder.

¡Y nació Juan el Bautista con un gran testimonio, viendo al Espíritu Santo descender sobre el Hijo de Dios!

Este hombre fue ejemplo en:

Obediencia.

Valentía.

Humildad, entre muchas cosas más.

Tuvo un celo bien ardiente al mensaje que Dios le entregó, fue honrado por Jesucristo.

Vivió en el desierto, usaba ropa de pelo de camello y comía miel y langostas.

Jesús dio testimonio de él.

"De cierto os digo: Entre los que nacen de mujer no se ha levantado otro mayor que Juan El Bautista; pero el más pequeño en el reino de los cielos, es mayor que él". San Mateo 11:11.

Hay muchas cosas que podemos aprender de Juan El Bautista, en su llamado para servirle a Dios fue escogido para preparar el camino donde Jesucristo iba a realizar su ministerio.

Ahora:

Prepara tu corazón, que Dios te hablará a través de este hombre de Dios y enviado por Él.

I-SU MENSAJE FUE DIRECTO Y FUERTE.

A los fariseos los exhortaba fuertemente, ya que ellos no vivían una vida agradable a Dios.

"Al ver él que muchos de los fariseos y de los saduceos venían a su bautismo, les decía: ¡Generación de víboras! ¿Quién os enseñó a huir de la ira venidera? Haced, pues, frutos dignos de arrepentimiento." San Mateo 3:7, 8.

Muchas veces escuchamos predicaciones fuertes de exhortación, pero sin la unción de Dios.

En Juan El bautista era completamente diferente, fue un hombre elegido por Dios y revestido de su poder.

La autoridad con la cual él hablaba venía del cielo mismo, Dios lo respaldaba.

En estos tiempos muchos quieren predicar un Evangelio fuerte para corregir a otros, pero su propia vida deja mucho que desear; y la Palabra dice claramente; por sus frutos los conocerán.

Ahora Dios quiere dar esa autoridad a sus escogidos, pero que puedan pagar el precio de la santificación en sus vidas.

Por ejemplo:

En el hogar quieres corregir a tu esposa, cuando tu vida como esposo deja mucho que desear, no te preocupas por buscar de Dios para cumplir el rol del esposo descrito en la Palabra de Dios, que ame a su esposa como Cristo amó a su iglesia y asimismo se entregó por ella.

¿Y tú mujer, estás cansada de querer cambiar las actitudes de tu esposo, llevas muchos años de casada y no has visto ningún cambio?, debes analizar tu vida, mental, emocional y espiritual.

Te casaste ilusionada con ese hombre y ahora te sientes decepcionada, frustrada.

¡Basta ya!

Ahora busca el rostro de nuestro Señor Jesucristo, ríndele tu vida completa y serás un ejemplo de mujer, tu esposo se sentirá seguro en ti; así que deja:

El resentimiento atrás.

La culpabilidad.

La amargura.

El enojo.

Y déjate cambiar por el Dios verdadero y serás una mujer libre para amar y dejarte amar.

Atiende y escucha la voz que viene de lo Alto.

Nadie podrá cambiar a nadie, si no es con la presencia y autoridad de Dios.

¿Estás ejerciendo tu propia autoridad y no la que viene de Dios?

Juan El Bautista predicaba fuerte, porque su autoridad no venía de los hombres ni de sus propias emociones, sino que él vivía una vida consagrada a Dios.

Y eso mismo debes hacer tú, conságrate a Dios y verás a tu cónyuge cambiado y a tus hijos obedeciéndote.

¡Es el momento de reflexionar!

El mensaje que Juan El Bautista predicaba, manifestaba que un día el Señor nos llamará a Juicio a todos; es el mismo mensaje que tenemos que predicar, que enderecemos las sendas torcidas y que hagamos frutos dignos de arrepentimiento, tomando en cuenta el temor de Dios en nuestras decisiones.

Así como dice su Palabra: Todo me es lícito, pero no todo me conviene.

Si pecas tendrás consecuencias aquí y en la vida futura.

Por eso decídete hoy a cambiar de rumbo si vas por el equivocado.

II-JUAN EL BAUTISTA, UN EJEMPLO DE HUMILDAD.

La persona humilde es aquella que conoce sus debilidades y también sus limitaciones, el concepto de su persona está bien balanceado. Veremos el perfil de los que no son humildes a manera de examinarnos nosotros mismos:

Es prepotente ante las autoridades superiores.

-No se somete a sus líderes.

-No sigue las reglas.

-No tiene obediencia.

-No le gusta la disciplina.

-Es soberbio y orgulloso.

-Habla de sus propios éxitos.

-Se vanagloria de sus acciones.

-No acepta la corrección de nadie.

-No reconoce los logros de otros.

Pero qué nos dice la Palabra de Dios sobre la humildad:

-Nos dice que antes de la honra está la humildad.

-La humildad junto con el temor de Dios trae la bendición financiera.

-Nuestro servicio a Él tiene que ser con Humildad.

-Nos debemos vestir de humildad, en cuanto al carácter.

-Que no hagamos las cosas por contender con otros ni por vanagloria, sino hacerlo con humildad.

Y siempre hacer lo extraordinario en todas las áreas.

Quizá digas: Debo cambiar varias áreas de mi vida y pedirle a Dios que me vista de humildad, si lo pensaste es que estás empezando a caminar por el camino correcto, al reconocer que debes cambiar algunas actitudes de tu persona.

Quieres agradar a Dios, recuerda lo que dice su Palabra:

"Porque Dios resiste a los soberbios y da gracia a los humildes."

Juan El Bautista fue un gran ejemplo de Humildad, a pesar que era usado por Dios reconocía cuál era su llamado; preparar el camino para el ministerio de Jesucristo, algunos creían que él quizá sería el Cristo, pero Juan les respondía que No.

"Como el pueblo estaba en expectativa, preguntándose todos en sus corazones si acaso Juan sería el Cristo,

respondió Juan, diciendo a todos: Yo a la verdad os bautizo en agua; pero viene uno más poderoso que yo, de quien no soy digno de desatar la correa de su calzado; él os bautizará en Espíritu Santo y fuego." San Lucas 3:15, 16.

Reconocía que detrás de él venía uno que era más poderoso que él; eso da testimonio que era un hombre humilde, no tenía más alto concepto de su persona.

Y ejercía su ministerio sin pretensiones de ser el mejor de todos, sino que reconocía que el único que podía perdonar pecados era el Hijo de Dios, JESUCRISTO.

Tuvo el gran privilegio de bautizar a Jesucristo, al principio no quería al reconocer que Jesucristo era Mayor y que él necesitaba ser bautizado por Jesucristo; pero lo hizo en obediencia total, como le fue ordenado por Él.

"Entonces Jesús vino de Galilea a Juan al Jordán, para ser bautizado por él." San Mateo 3:13.

Este gran acontecimiento fue algo único y extraordinario.

"Mas Juan se le oponía, diciendo: Yo necesito ser bautizado por ti, ¿Y tú vienes a mí?" San Mateo 3:14.

¡Qué humildad!

"Pero Jesús le respondió: Deja ahora, porque así conviene que cumplamos toda justicia. Entonces le dejó." San Mateo 3:15.

Aunque su muerte fue muy cruel ya que murió decapitado por declarar el pecado, tenía la mejor esperanza; que iría al cielo a morar con su creador.

¡Qué honor y privilegio!

Morir por su causa, no es fácil, pero él fue fiel a Dios hasta la muerte.

Recuerda que el arrepentimiento no tiene que ver con las emociones sino en la acción, no es sentirse sólo culpable porque fallaste.

Muchas personas son infieles a sus parejas y piden perdón, pero no es de corazón y a la vuelta de la esquina siguen pecando y luego se sienten culpables.

Arrepentíos, dijo también Jesús.

Arrepentíos, dijeron también los apóstoles.

Arrepentíos, dijo el Apóstol Pablo.

Y ese mismo debe ser el mensaje de estos tiempos, para todos.

Pero:

Lo primero es arrepentirnos nosotros mismos, antes de predicar el Evangelio de Jesucristo.

Porque Él no usa vasos sucios, Él los limpia y los pasa por fuego para limpiarlos.

¿Quieres tu tener la autoridad de Dios para interceder y hablar del Señor con efectividad y que la Palabra dé fruto abundante en tu persona, luego en tu familia, y sean luz y de bendición para los demás?

La única manera es entregando tu vida completa al Señor Jesús, Juan El Bautista fue un gran ejemplo de humildad y autoridad, que tanto se necesita en estos tiempos de maldad y de iniquidad.

Quieres ser llamado en aquel día y escuchar estas palabras: "En lo poco fuiste fiel, en lo mucho te pondré, entra al gozo de tu Señor". No hay otro medio sino sólo a través de Jesucristo.

Así como fue Juan El Bautista testificó con su propia vida, que se puede vivir una vida agradable sirviendo con toda humildad y serle fiel hasta la muerte.

Recuerda que la vida no se termina cuando mueras, NO, hay una vida eterna con nuestro Dios, pero también hay otro lugar de tormento que es el infierno.

¿Dónde quieres tú pasar la eternidad?

¿En el cielo o en el infierno?

De seguro que en el cielo, donde adoraremos al Rey de Gloria, veremos a Jesucristo. El Espíritu Santo te está hablando hoy, deja todo lo que te separa de Él y ven para recibir ese boleto que Cristo ya compró con su sangre preciosa; la Salvación de tu alma.

No tendrás temor de la muerte ni de ninguna cosa; porque Él estará contigo donde quiera que vayas.

¿Quieres aceptarlo este día?

MARY ESCAMILLA

Haz una oración de arrepentimiento y de entrega completa a Dios, y di:

Padre Celestial, yo en este día reconozco que soy pecador(a), que te he ofendido incontables veces, pero ya no quiero vivir esta vida miserable, la cual sólo me ha dejado derrota y destrucción, quiero ser humilde, te entrego mi corazón y recibo a Jesucristo como mi único y suficiente Salvador de mi alma en nombre de tu Hijo Amado te lo pido. Amén, amén y amén.

Gracias
SEÑOR,
Porque me
Llamaste
A servirte.

Mary Escamilla
Dra. 🖤

La Vid

Aun en

La prisión

Y tribulación,

Canta y

Alaba

A Dios,

Como lo hizo

Pablo.

Mary Escamilla
Dra. ♥

La Vid

Un verdadero

Discípulo da

Y da sin

Esperar

Nada a

Cambio,

Porque

Sabe que

Vino a

Servir.

Dra. ❤

138

La Vid

El verdadero

Cristiano,

Discípulo,

Creyente

E Inteligente,

No es seguidor

De hombres;

Es conocedor

De la Escritura y

Obediente a la

Palabra.

Mary Escamilla
Dra. ♥

La Vid

Si tú crees

Que eres

Un verdadero

Creyente,

Sométete a los

Mandamientos

De Dios

Y Recibirás

Muchas Bendiciones.

Mary Escamilla
Dra. ♥

La Vid

Señor Jesús,
Te alabaré y
Te bendeciré
Para siempre.

Mary Escamilla
Dra. ♥

La Vid

Señor, te pido,

Nunca quites

De mí tu

Santo Espíritu.

Mary Escamilla
Dra. 💙

La Vid

Los gigantes de
La antigüedad
Fueron enemigos
De Dios.

Mary Escamilla
Dra. ❤

La Vid

A la mente
Reprobada,
La condena
Dios.

Mary Escamilla
Dra. 🖤

La Vid

El abismo

Es una prisión

De los demonios.

Mary Escamilla
Dra. ♥

Los sodomitas

Pervirtieron

La Genética.

Mary Escamilla

Dra. ❤

No hay,

En todo el Universo,

Un libro mejor

Que la Biblia.

Mary Escamilla
Dra. ♥

La Vid

El rey David
Combatió a
Los gigantes.

Mary Escamilla
Dra. ❤️

Los ángeles

Caídos

Infectaron

La tierra.

Mary Escamilla
Dra. ❤

La Vid

La capacidad
Del cerebro
Humano es
Ilimitada.

Mary Escamilla
Dra. 🖤

EPÍLOGO

Amados lectores y hermanos en la fe, espero que cada una de las historias bíblicas de Los Hombres que Dios Llamó a servirle ministre su vida y que les inspire a continuar en el camino de Cristo Jesús, porque ustedes, así como yo, somos llamados por Dios para que le sirvamos con integridad y obediencia a su Palabra.

Del mismo modo, les invito a que sigamos predicando el Evangelio de Jesucristo, al cual hemos sido llamados y escogidos desde antes de la fundación del mundo y es un privilegio servir al Señor siempre y dar gracias por el regalo no merecido, la Salvación de tu Alma.

Y si no has recibido a Jesús como tu Salvador personal, te invito a que hagas una oración en este momento y digas: Amado Padre Celestial, gracias por mandar a tu Unigénito Hijo a morir por mí en la Cruz del Calvario para el perdón de mis pecados. Desde ahora te acepto como mi Señor y único Salvador. Escribe mi nombre en el Libro de la Vida. Todo esto te lo pido en el precioso nombre de tu Hijo Jesús. Amén.

Reverenda, Doctora Mary Escamilla.

Printed in the United States
By Bookmasters